AF440404

CHARLES MARIONNEAU

BRASCASSAT

NOTICE BIOGRAPHIQUE

NANTES

VINCENT FOREST ET ÉMILE GRIMAUD

IMPRIMEURS-ÉDITEURS,

PLACE DU COMMERCE, 4.

1867.

A MON AMI

FERDINAND CHAIGNEAU

ÉLÈVE DE BRASCASSAT

BRASCASSAT.

———

L'Académie des Beaux-Arts est de nouveau douloureusement éprouvée; le mois de janvier dernier, c'était son illustre doyen, le grand Ingres, qu'elle conduisait au tombeau, et voilà que son deuil se ravive par la mort de Raymond Brascassat, l'un des plus éminents de ses membres.

En publiant cette triste nouvelle, plusieurs journaux de Paris et des départements l'ont accompagnée de notes biographiques auxquelles il y a lieu de faire des rectifications, et surtout d'ajouter quelques détails inédits. Cependant je ne prétends pas aujourd'hui rédiger une étude complète sur l'œuvre et la vie de Brascassat : bien des raisons s'opposent à ce projet; mais en ma qualité de compatriote du célèbre peintre, en retour de la bienveillance avec laquelle il me conseillait, et surtout comme membre de la commission du Musée qui possède la plus haute expression du talent de l'artiste, je viens accomplir un devoir en déposant une couronne sur la tombe de cet homme de mérite et de bien, couronne pieusement tressée par l'amitié, la reconnaissance et l'admiration.

C'est à Bordeaux que naquit Brascassat, dans la vieille et populeuse paroisse Sainte-Croix, non pas le 30 août 1805, comme on l'a généralement avancé [1], mais bien le 30 août 1804, ainsi que le prouve l'extrait suivant :

MAIRIE DE LA VILLE DE BORDEAUX.

ÉTAT-CIVIL.

Extrait du Registre des Actes de Naissance de l'an 1804.

BRASCASSAT, JACQUES.

Du quatorzième jour du mois de fructidor an XII de la République française, à midi, acte de naissance de Jacques, né chez son père, le *douzième jour du présent mois*, à neuf heures du soir, fils de Raymond Brascassat, tonnelier, demeurant à Bordeaux, rue Saint-Jean, 201, et de Marie Périès, mariés ; le sexe de l'enfant a été reconnu être masculin, en présence de Jacques Périès, âgé de cinquante ans, aïeul maternel de l'enfant, tailleur d'habits, Grande-Rue-Saint-Jean, 199, et de Bertrand Pascalet, âgé de soixante-huit ans, marin, rue Nérigean, 14, sur la réquisition à nous faite par le père de l'enfant. Et, après avoir donné lecture du présent acte, le père et les témoins ont signé.

Constaté, suivant la loi, par Louis Thadée Peyrelongue, adjoint de la mairie au sud, faisant les fonctions d'officier public de l'état-civil.

Signé au registre :

R^d BRASCASSAT père, PASCALET, PÉRIÈS et PEYRELONGUE, *adjoint.*

Pour extrait conforme au registre, délivré en l'Hôtel-de-Ville de Bordeaux, le 11 mars 1867.

Le maire de Bordeaux,

A. BETHMAN.

Je n'irai pas puiser les éléments de cette notice dans le *Dictionnaire encyclopédique* de Le Bas, dans celui de la *Conversation* ou des *Contemporains* de M. Vapereau, et je délaisserai même la *Nouvelle Biographie* de Firmin Didot. Mais je vais emprunter les faits de ce récit

---

[1] Les anciens catalogues du Musée de Nantes, 4ᵉ et 5ᵉ éditions, indiquaient la ville de Toulouse comme lieu de naissance de Brascassat ; mais on a corrigé cette erreur dans les éditions suivantes. Plusieurs journaux de Paris ont adopté comme date de naissance du célèbre artiste le 30 août 1805, qu'ils ont empruntée au *Dictionnaire* de M. Vapereau ou à la *Nouvelle Biographie* de Didot. L'*Opinion nationale* a pensé rectifier cette date en désignant le 19 août 1804 ; sans être dans la vérité, elle s'en est beaucoup plus rapprochée que les catalogues du Musée de Bordeaux, qui indiquent le 30 avril de cette même année.

à des publications oubliées depuis longtemps, aux notes de MM. Lacour et Jules Delpit, de Bordeaux, aux confidences de la vieille
mère de Brascassat et de ses amis, aux souvenirs de Mme la com-
tesse de Bouillé, fille du généreux donateur du Musée de Nantes ;
enfin à mes souvenirs personnels.

Jacques-Raymond Brascassat était le fils aîné d'un pauvre ouvrier
tonnelier, et son goût pour la peinture se développa tout naturelle-
ment. Il était à peine âgé de douze ans, lorsqu'il entra dans l'atelier
d'un peintre obscur, nommé Lacaze, qui, malgré sa grande médio-
crité, avait un ardent amour de l'art et sut l'inspirer à son élève.
Là, Brascassat peignit des sujets d'attiques et des trumeaux pour
l'ornementation des cheminées, et contribua puissamment aux
bénéfices de l'atelier, ou, pour mieux dire, de la boutique de son
patron. Mais, comprenant qu'il perdait un temps précieux dans ce
bas métier de l'art, Brascassat laissa le peintre Lacaze pour suivre
les conseils d'un jeune élève de l'école de peinture de la ville de
Bordeaux, nommé Dubourdieu, condisciple d'Alaux (devenu direc-
teur de l'École de Rome), de Monvoisin et de Michel Gué, qui ont
laissé un nom dans les arts. Brascassat ne resta pas longtemps sous
la direction de son jeune maître, et, sur les conseils de ce dernier,
il suivit les cours de l'école municipale, où il obtint le prix
de figure dessinée d'après nature, prix qui se voit encore dans la
galerie de cet établissement. Si rapide qu'ait été son séjour dans
l'atelier du peintre Dubourdieu, Brascassat s'en souvenait quarante
ans plus tard, en envoyant à Bordeaux deux exemplaires de ses
lithographies la *Lutte de Taureaux* et la *Vache attaquée par des
Loups,* exemplaires sur lesquels j'ai lu cette dédicace : « A mon
ancien maître M. Dubourdieu. — R. Brascassat. »
C'est peu de temps après son entrée à l'école de dessin, alors
dirigée par M. Lacour fils, que M. Goëthals, l'un des fondateurs
des *Annales du Musée d'instruction publique,* qui avait déjà vu
Brascassat dans l'atelier du peintre Lacaze et remarqué ses grandes
dispositions, le fit venir à l'Athénée, rue Mably, et mit à son
service tous les tableaux de sa galerie. Là Brascassat fit connais-
sance de M. Théodore Richard, ancien élève du paysagiste Bertin,
et qui était alors ingénieur en chef du cadastre à Bordeaux. —
M. Richard prit le jeune peintre sous sa protection et l'emmena
plusieurs années de suite étudier la nature dans les montagnes de

l'Aveyron. C'est de Milhau qu'il vint à Paris, en 1825, quelques mois avant le concours de paysage historique ; et, pour s'y préparer, il entra dans l'atelier de Hersent (Louis), membre de l'Institut.

Admis au concours de Rome, Brascassat s'y livrait avec une ardeur tellement fiévreuse, que parfois sa nature débile et maladive l'obligeait à se faire transporter à l'École des Beaux-Arts. Et c'est en reconnaissance des soins que le docteur Vitrac lui avait alors prodigués, que ce dernier reçut du jeune artiste un petit tableau, ayant pour motif : *La Laitière et le Pot au lait.*

Le concours de paysage de l'année 1825 avait pour sujet *la Chasse de Méléagre ou le sanglier de Calydon.* — Brascassat produisit une œuvre où se révélait une étonnante habileté d'exécution, qui lui fit obtenir un véritable succès ; néanmoins le jugement de l'Institut ne lui fut pas entièrement favorable, et Giroux (André) obtint le premier grand prix. — Voici comment les *Annales de la littérature et des arts* (t. XXI, p. 73) rendent compte de l'incident qui eut lieu à là distribution des prix : — « Le public et les jeunes » élèves ont porté sur l'issue de ce concours un jugement contraire » à celui de l'Académie ; cette jeunesse, ayant cru reconnaître plus » de mérite et de talent dans le tableau de M. Brascassat (Jacques), de » Bordeaux, âgé de vingt-un ans, élève de MM. Hersent et Richard, » qui a obtenu le second grand prix, que dans celui de M. Giroux, » a salué, par une triple salve d'applaudissements, le nom de » M. Brascassat, lorsqu'il a été prononcé dans la séance acadé- » mique. » Cette manifestation eut un tel retentissement, qu'elle attira l'attention de la duchesse de Berry. Citons encore les *Annales* qui conservent le récit d'un événement dont l'influence a été bien grande sur l'avenir de Brascassat.

« Le roi, qui accorde aux beaux-arts une si généreuse protection, » vient d'en donner une nouvelle preuve en envoyant à Rome, aux » frais de la liste civile, M. Brascassat, jeune artiste de la plus » haute espérance, au talent duquel l'Académie des Beaux-Arts » a rendu tout récemment une justice éclatante. Qu'il nous soit » permis de révéler la part que S. A. R. Madame, duchesse de » Berry, a eue à ce bienfait : Madame arrivait de Saint-Cloud ; on » lui dit que l'élève de M. Richard avait mérité le second grand » prix de paysage, qu'il pouvait peut-être aspirer au premier : » aussitôt elle se rend dans la salle même où les couronnes » venaient d'être distribuées ; elle examine, elle étudie les ouvrages » exposés, et son goût lui fait bientôt distinguer celui qu'on a » signalé à sa bienveillance. Aussitôt elle revient chez elle, va chez

» son auguste père, et, la justice d'une bonne cause lui inspirant
» tout ce qu'elle doit faire et dire, elle détermine Sa Majesté à
» accorder au jeune Brascassat la récompense de ses heureux
» essais. Puisse-t-il se rendre digne du double honneur qu'il
» reçoit dans cette circonstance ! » (*Annales de la littérature et des
arts,* Paris, J. Trouvé, 1825, t. xxi, p. 281.)

Jamais royale protection ne fut plus heureusement accordée. — Brascassat partit pour Rome, et M. le comte de Peyronnet, alors ministre de la justice, fit l'acquisition du tableau du jeune artiste bordelais et l'offrit au musée de sa ville natale.

Sous le ciel poétique de l'Italie, le jeune paysagiste redoubla d'ardeur et de zèle, et parcourut sans relâche les plaines et les montagnes, le sac au dos, l'album à la main, des rives du Tibre aux rochers sauvages de la Calabre [1]. Non-seulement ses portefeuilles s'emplirent de belles études et de nombreux dessins, mais ses envois de pensionnaire lui obtinrent des succès au Salon de Paris, notamment son tableau d'*Argus et Mercure,* actuellement au Musée d'Aix.

De retour en France, Brascassat, déjà connu, commença l'exposition plus régulière de ses œuvres et sa réputation prit un rapide essor. Au Salon de 1831 il exposa des paysages d'Italie et des études d'animaux, qui attirèrent vivement l'attention des artistes et lui gagnèrent la faveur du public. Cependant c'est ici que je dois placer un fait qui n'est pas à l'honneur des anciens administrateurs bordelais.

En 1831, dame Jeanne Papon, par acte du 1er septembre, passé chez Me Loze, notaire à Bordeaux, fit donation d'immeubles en faveur des trois enfants Brascassat; pour payer une partie des frais de cet acte, le jeune peintre vint à Bordeaux, où il exposa publiquement deux petites toiles : bien qu'elles fussent cotées à des prix très-minimes, elles ne trouvèrent pas d'acheteurs. — Cette indifférence froissa le cœur de l'artiste; il remporta ses tableaux à Paris, où des amateurs mieux inspirés en firent l'acquisition. Et voilà peut-être comment il faut expliquer l'absence si regrettable, au Musée de Bordeaux, d'une œuvre sérieuse de Brascassat, même après le vote des conseillers municipaux qui, comprenant la faute

---

[1] J'ai vu, chez l'un des frères de Brascassat, le portrait de ce peintre, par Duval Le Camus, peint en pied et dessinant le sac au dos. L'un des frères Dantan a fait le buste de Brascassat; enfin, le portrait de l'artiste, peint par lui-même, a été exposé à Paris en 1855 et à Bordeaux en 1856.

de leurs devanciers, voulurent, en 1846, obtenir du membre de l'Institut ce qu'on avait dédaigné du pensionnaire de Rome.

Si la réputation naissante de Brascassat n'était pas encore très-répandue à Bordeaux en 1831, ses lauriers d'école, ses rapides progrès, ses fortes et nombreuses études, annonçaient à coup sûr qu'il deviendrait un peintre distingué. Eh bien ! tous ces témoignages ne furent pas assez puissants pour rompre l'indifférence de ses concitoyens, de ceux qui, par leur fortune ou leurs fonctions administratives, sont les protecteurs-nés des beaux-arts. Ces faux Mécènes oublient trop souvent que leur rôle ne consiste pas seulement à couvrir d'or aux enchères les œuvres des artistes en renom, de ceux qui s'imposent par une supériorité incontestée, mais bien à distinguer les vocations sérieuses et vraies, à leur venir en aide et à encourager leurs premiers succès.

J'arrive à des temps plus heureux. Le jour de l'ouverture du Salon de 1833, un gentilhomme breton, ancien député de la Loire-Inférieure, visitait les galeries de peinture ; il s'arrêta devant un paysage, représentant une *Sortie de forêt*, signé Brascassat. L'exécution brillante de ce tableau, la fluidité de son horizon lumineux, séduisirent l'amateur. Le lendemain, M. Urvoy de Saint-Bedan se présentait dans l'atelier du peintre, faisait l'acquisition de son œuvre, et dès lors naissaient d'affectueuses relations qui devaient à jamais unir dans une commune renommée les noms de l'artiste célèbre et du riche et généreux bienfaiteur.[1]

En effet, c'est à dater de cette année et pendant la plus belle période de la vie du maître, de 1833 à 1844, que les tableaux les plus importants de Brascassat passèrent des Salons de Paris dans la galerie de l'hôtel de Saint-Bedan, et même l'un des plus remarquables vint directement de l'atelier de l'artiste et ne fut jamais exposé [2].

Je ne veux point analyser maintenant l'œuvre de Brascassat au Musée de Nantes : un jour, je l'espère, j'en ferai l'objet d'un travail

---

[1] A Nantes, tout le monde connaît la généreuse donation de M. de Saint-Bedan ; mais, pour les personnes étrangères à cette ville, il est juste de leur indiquer le 2ᵉ volume de la *Revue des provinces de l'Ouest*, Nantes, A. Guéraud, 1854, p. 27, dans lequel se trouvent tous les « Documents officiels concernant la donation artistique et charitable faite à la ville de Nantes par M. Urvoy de Saint-Bedan, » publiés par M. H. de Saint-Georges, et la *Notice sur M. Jacques-Olivier Urvoy de Saint-Bedan*, par M. l'abbé Fournier. — *Annales de la Société académique de Nantes*, 1858, 2ᵐᵉ semestre, p. 504. »

[2] *Repos d'animaux sous un chêne*, Hᵗ, 1 95 ; Lᵗ, 1 70 ; signé : J.-R. Brascassat. 1843-1844.

spécial; mais puisque je désire conserver à cette notice le caractère anecdotique, je dois relater les particularités qui se rapportent aux toiles principales de cette galerie.

Quelque temps avant l'ouverture du Salon de 1837, M. de Saint-Bedan se trouvait dans l'atelier de Brascassat, qui donnait alors les dernières touches à son véritable chef-d'œuvre, la *Lutte de Taureaux* (première édition, et la meilleure), tableau qui avait été commandé par l'amateur nantais, pour un prix librement convenu. Sur ces entrefaites, survint un marchand belge, qui n'hésita pas à faire à l'artiste les offres les plus séduisantes. Tout aussitôt M. de Saint-Bedan dégagea le peintre de sa parole; mais, loin d'être ému par la sonorité des chiffres, Brascassat répondit : « Si mon tableau n'eût pas été réussi, vous l'eussiez assurément gardé. Eh bien ! quelles que soient les propositions brillantes qui me seront faites, ce tableau vous appartient désormais. » La générosité de l'amateur ne fut pas moins grande que celle de l'artiste : il augmenta de beaucoup le prix qui avait d'abord été fixé.

Avant de poursuivre cette étude biographique, rappelons sommairement que le tableau dont il vient d'être question eut un immense succès au Salon de 1837, et qu'il fit obtenir à Brascassat la croix de la Légion d'honneur. Cette distinction, si bien méritée, me rappelle une douce impression : En 1848, la vieille mère de Brascassat habitait Bordeaux, cours d'Aquitaine, n° 88, au deuxième, et c'est là que j'allais, à mon retour de Paris, porter à cette respectable veuve des nouvelles de son illustre fils. Dans la petite pièce où l'on m'accueillait si bien, tout respirait une touchante simplicité : aux murs étaient appendus des dessins d'après la bosse, une tête de Diane datée de 1822, une étude peinte d'après un tableau de Gros, et des lithographies de paysages et d'animaux ; mais ce qui attirait surtout l'attention, c'étaient deux petites toiles, dont l'une représentait un ouvrier tonnelier, en costume de travail, et l'autre, une modeste ouvrière, assise et raccommodant des vêtements. A ces deux tableaux-portraits se trouvaient juxtaposés d'autres portraits de famille, et l'un d'eux représentait un jeune homme, au teint méridional, au regard sévère et rêveur. Touchant ce dernier, et suspendu par un lien, se voyait un petit sabot d'enfant, bien usé, bien usé, et semelé de quelques clous... Et tous ces souvenirs formaient l'encadrement d'une croix d'honneur, surmontée de cette dédicace : *A mon père, Raymond Brascassat !*

Je reprends le récit des diverses phases de cette vie d'artiste. Brascassat vint deux fois à Nantes : la première, vers 1835, au retour d'un voyage en Basse-Bretagne, en compagnie d'un homme de lettres, Henry Berthoud, et la seconde en 1839. A cette époque, il séjourna deux mois au château de Casson, résidence d'été de son noble protecteur, où il fit de nombreuses études, entre autres celle du *Taureau brun*, qui lui a servi pour son tableau du Musée de Nantes, acheté par la Ville en 1840. — C'est à Casson que Brascassat exprima hautement la pensée de prouver qu'il savait peindre la figure, en représentant *Pépin-le-Bref combattant un lion*[1]. J'ignore les circonstances qui ont empêché l'exécution de ce sujet. Peut-être retrouvera-t-on, dans les albums ou dans les portefeuilles de l'artiste, l'esquisse ou le dessin de ce tableau projeté.

Le dernier tableau que peignit Brascassat pour M. Urvoy de Saint-Bedan, fut le *Repos d'animaux sous un chéne*, celui que j'ai déjà cité comme n'ayant jamais figuré dans aucune exposition, et qui porte la double date 1843-1844. C'est une des toiles qui nous montrent le talent de l'artiste sous ses aspects les plus variés. Jusqu'en 1845, Brascassat se produisit assez régulièrement au Salon, où il exposa le tableau qui fait partie du Musée du Luxembourg, et sa *Vache attaquée par des loups*, scène dramatique qu'il a choisie pour faire pendant à sa *Lutte de taureaux*. Il a reproduit lui-même ces deux sujets par la lithographie.

A partir de cette époque, Brascassat subit l'influence des succès de l'école réaliste, de l'école qui sacrifiait tout au coloris, et, sous prétexte qu'on ne peut exalter les uns qu'en abaissant les autres, les œuvres du nouveau membre de l'Institut[2] furent l'objet de critiques outrageantes : comme si le grand chemin de la célébrité n'était pas assez large pour laisser passer de front Rosa Bonheur, Troyon et Brascassat !

La seule excuse honnête qu'on puisse donner, pour expliquer l'injustice ou la malveillance de quelques critiques, c'est leur ignorance des œuvres du maître. Ils n'ont jugé l'artiste que par son tableau du Luxembourg, ou sa répétition du tableau de Nantes, maintenant à Reims, après avoir été exposée à Paris en 1855. Si, lors de ce grand concours, Brascassat eût envoyé la première pensée

---

[1] Camille Mellinet, dans son discours prononcé en 1840 à la Société Académique de Nantes, mentionne en ces termes le projet de l'artiste : « Plus près de nous, Brascassat y médite, en présence de son magnifique taureau, la belle et audacieuse pensée de son lion combattu par le fils de Charles-Martel. » (*La Commune et la Milice de Nantes*, t. iii, p. 5.)

[2] Nommé le 28 novembre 1846, en remplacement du paysagiste Bidauld. (*Dictionnaire de l'Académie des Beaux-Arts*, 1858, t. i, p. 137.)

de ce *Combat de taureaux*, peint à l'époque où ses facultés physiques n'étaient pas affaiblies, et réuni à ce chef-d'œuvre ses admirables études du *Taureau se frottant contre un arbre* ou des *Vaches à l'abreuvoir*, je ne crains pas d'avancer qu'il eût soutenu, à son honneur, toute comparaison avec les plus célèbres peintres animaliers d'Angleterre, de Belgique et de France.

Mais, vieilli avant l'âge, pratiquant son art avec une extrême conscience et le respect des traditions, et peut-être trop esclave du précepte de Boileau, il voulut réagir contre l'indépendance de l'école moderne et le désordre de ces systèmes qui ne visent qu'à l'impression et dédaignent toute minutieuse analyse. Quoi qu'il en soit, les œuvres de Brascassat ont toujours une correction, une science profonde, qui doivent imposer, sinon le plus vif enthousiasme, du moins la plus respectueuse admiration.

Les événements de 1848 et les violentes secousses politiques et sociales qui en furent les conséquences, augmentèrent les inquiétudes et la tristesse naturelle de l'artiste. Il vint alors à Bordeaux, où de nombreux amis des arts lui firent une cordiale réception ; il en a consacré le souvenir en adressant à tous les souscripteurs du banquet qui lui fut offert, un exemplaire d'une eau-forte, uniquement tirée à cette intention et portant une dédicace personnelle. De retour à Paris, Brascassat vécut dans la solitude de l'atelier et ne prit aucune part aux expositions publiques. Il reparut seulement en 1855, mais avec la mélancolie d'un soleil couchant. Depuis lors, il habitait souvent le village de Magny, près de Chevreuse, dans une résidence charmante, entourée d'un petit bois de chêne et d'où la vue s'étendait sur une étroite, ombreuse et fraîche vallée. C'est là qu'au milieu de quelques amis et livré à ses études favorites, « il achevait sa vie en faisant le bien. » Mais, affaibli, souffrant, il revint à Paris, alors que cette belle et frêle existence était près de s'éteindre ; encore quelques années, et Dieu paralysait cette intelligence d'élite. Il exhala son dernier souffle dans la nuit du 28 février 1867.

Et maintenant, administrateurs de la patrie d'Ausone, laisserez-vous passer dans des mains étrangères les plus remarquables études de cette grande illustration bordelaise ? Ne disputerez-vous pas, au poids de l'or, les dessins et les dernières peintures du maître ? Où placerez-vous son buste ? Quelle rue, quel boulevard portera son nom ? Voici l'heure d'atténuer la déplorable insouciance de vos prédécesseurs ; l'honneur de la cité vous impose ce devoir.

Mais quels que soient les sacrifices et les désirs de mes compatriotes, la galerie Urvoy de Saint-Bedan possèdera toujours les plus précieux fleurons de la couronne de l'artiste; et si, pour étudier Paul Potter, il faut aller à La Haye, il faudra venir à Nantes pour étudier Brascassat.

Sauf un article de souvenirs intimes par M. Henry Berthoud, publié dans la *Patrie* du 19 mars, la presse n'a pas été prodigue de regrets et d'éloges envers Brascassat; peut-être a-t-elle pensé que le mode le plus digne de saluer le départ du célèbre peintre, qui aimait tant le calme et la solitude, ne pouvait être qu'un silence éloquent. Une voix, il est vrai, s'était noblement élevée pour honorer le caractère de cette illustration qui descendait dans la tombe; aussi, ne puis-je hésiter à reproduire le beau discours de M. Beulé, qui peint si bien l'artiste et l'homme :

« MESSIEURS,

» En face de ce nouveau deuil, je ne puis m'empêcher de gémir d'abord sur les coups répétés qui frappent les peintres de l'Académie des Beaux-Arts. Il n'y a pas cinq ans que j'ai l'honneur d'être votre secrétaire, et sept fois déjà nous avons ouvert une tombe pour y déposer un peintre illustre. Non-seulement la section de peinture a été décimée par moitié, mais ce sont les talents les plus chers à la France qui lui ont été ravis : Horace Vernet, Delacroix, Flandrin, Ingres, qui étaient le flambeau de l'école française et qui la laissent plongée dans les ténèbres. Il y a des temps d'épreuves, Messieurs, où tout semble abandonner un peuple qui s'abandonne lui-même. En vain ce peuple cherche des consolations dans les arts, dans les jouissances intellectuelles, dans les loisirs aimables : le génie qui animait ces loisirs s'éteint et ne renaît pas. Les grands hommes meurent sans former d'élèves, ou leurs élèves succombent avant eux ; la jeunesse découragée s'agite dans un cercle sans issue, et l'on est forcé bientôt de reconnaître que la fécondité des esprits est liée étroitement à l'activité politique d'un pays, et que l'honnête énergie des citoyens est aussi nécessaire à l'éclat des arts qu'à la grandeur des lettres.

» Celui que nous pleurons aujourd'hui, Messieurs, cachait sous des dehors tranquilles cette énergie si rare qu'on appelle la conviction. Il aimait l'art avec passion, n'acceptait point le succès sans l'effort, et cher-

chait dans l'étude de la nature, non pas l'affranchissement de toute doc-
trine, mais les moyens de mieux comprendre les leçons des maîtres et de
les appliquer.

» Brascassat avait remporté, à vingt ans, le second prix de paysage historique (qu'un décret a supprimé). Le premier prix (qu'un décret a supprimé
également), il l'avait disputé de si près qu'on le jugea digne de partir
pour l'Italie. Il obtint du gouvernement de la Restauration une pen-
sion qui devait durer trois ans, et alla s'inspirer sous ce beau climat qu'on
juge aujourd'hui funeste aux paysagistes, sans doute parce qu'il a inspiré
Claude Lorrain et Nicolas Poussin. De Rome, de Naples, de Baïes, de
l'extrême Calabre, Brascassat envoyait des paysages qui figuraient aussitôt
dans les expositions et attiraient l'attention des juges en même temps que
la faveur du public.

» Après 1830, il semble que cette âme concentrée et méditative ait reçu
le contre-coup d'une révolution et partagé le mouvement des esprits. Lui
aussi se sentit le désir de payer sa dette à l'école française, de l'enrichir
d'un genre nouveau, de disputer à quelque école étrangère une gloire
qui lui était acquise et comme réservée. Ces animaux que Paul Potter a
reproduits avec une couleur si charmante et une vraisemblance si pitto-
resque, Brascassat voulut les peindre, à son tour, vivants et en pleine lumière. La science du dessin lui parut devoir s'appliquer aux taureaux et aux
bêtes fauves avec autant de précision qu'à la figure humaine. Le Créateur
n'a pas été moins généreux pour les animaux que pour l'homme : comme
il leur a départi également des lois de construction, des proportions, des
muscles, des contours, et une beauté qui leur est propre, Brascassat
comprit qu'il pouvait saisir cette beauté, faire sentir ces proportions,
dégager ces principes de structure.

» A côté des écoles qui sacrifient tout au coloris, il y avait un triomphe
encore pour l'école qui met au premier rang l'anatomie et le dessin. C'est,
en effet, par la justesse des mouvements, par la précision des contours,
par la netteté accusée des os, des muscles et des articulations, par
la force du modelé, que Brascassat s'éleva au style. Il imprima à ces
êtres si savamment analysés et reconstruits, non-seulement la vie, mais
une certaine poésie qui ressortait de la vérité. La fougue des compo-
sitions et la hardiesse des intentions y mêlaient un intérêt dramatique;
l'habileté scrupuleuse des détails était subordonnée à l'harmonie générale
du tableau. Ces qualités expliquent la popularité dont le nom de Brascassat
a été entouré, l'affluence de la foule devant ses œuvres exposées, l'estime
profonde de ses rivaux, et enfin le choix de l'Académie des Beaux-Arts,
qui le plaçait à côté des peintres religieux et des peintres d'histoire, pour
montrer que le style ennoblit tout, et que dans l'art tout sujet peut être
agrandi par la science, par un goût élevé et par un talent qui se respecte
lui-même.

» La carrière de Brascassat a été courte, quoiqu'il ait beaucoup pro-
duit. Son tempérament trop faible ne pouvait résister au travail qu'à

l'aide d'une volonté qui redressait sans cesse une santé défaillante. Ses amis les plus intimes ont seuls pénétré cette nature sensible, discrète, tendre, qui ne se repliait sur elle-même que pour se mieux donner. Brascassat s'effaçait partout; il était d'une réserve qui cachait des qualités rares, d'une modestie qui allait jusqu'à la timidité et qui fuyait la lumière, parce que la lumière lui attirait l'éloge et la renommée. Malade, condamné depuis plusieurs années, il achevait sa vie à l'écart, craignant de faire voir à ceux qui l'honoraient le plus les marques de ses souffrances et d'être plaint par eux. Le plaindre, c'était encore alarmer son âme délicate, car c'était encore une façon de s'occuper de lui.

Enfin sa générosité et sa bienfaisance étaient tenues si secrètes que sa mort en a laissé pour la première fois entrevoir l'étendue; mais les pauvres resteront les uniques confidents de son inépuisable charité. De sorte qu'en perdant un confrère qui s'était concilié toutes les affections, un talent qui commandait toutes les sympathies, nous pouvons ajouter hautement, Messieurs, que nous avons perdu aussi un homme de bien. »

Nantes, imprimerie Vincent Forest et Emile Grimaud, place du Commerce, 4.

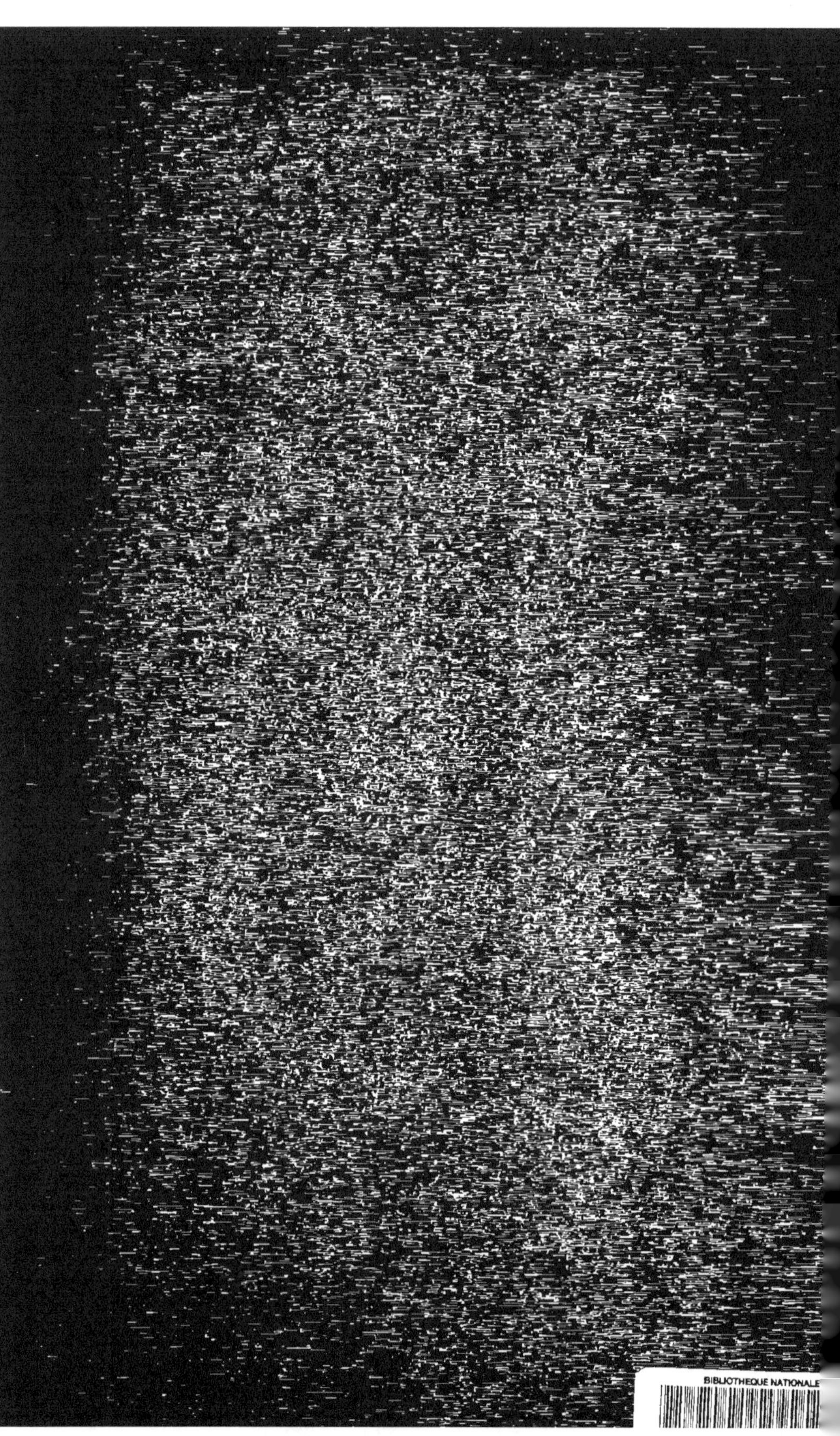

BIBLIOTHEQUE NATIONALE